BEI GRIN MACHT SICH IHR WISSEN BEZAHLT

Trainingsplanung für das Ausdauertraining einer Sportanfängerin

GRIN ☺

Bibliografische Information der Deutschen Nationalbibliothek:

Die Deutsche Nationalbibliothek verzeichnet diese Publikation in der Deutschen Nationalbibliografie; detaillierte bibliografische Daten sind im Internet über http://dnb.d-nb.de abrufbar.

ISBN: 9783346830401
Dieses Buch ist auch als E-Book erhältlich.

© GRIN Publishing GmbH
Nymphenburger Straße 86
80636 München

Druck und Bindung: Books on Demand GmbH, Norderstedt Germany
Gedruckt auf säurefreiem Papier aus verantwortungsvollen Quellen

Das vorliegende Werk wurde sorgfältig erarbeitet. Dennoch übernehmen Autoren und Verlag für die Richtigkeit von Angaben, Hinweisen, Links und Ratschlägen sowie eventuelle Druckfehler keine Haftung.

Das Buch bei GRIN: https://www.grin.com/document/1330965

Deutsche Hochschule für
Prävention und Gesundheitsmanagement
Hermann Neuberger Sportschule 3
66123 Saarbrücken

Einsendeaufgabe

Fachmodul: Trainingslehre II

Studiengang: BGM

**Datum
Präsenzphase:**   31.05-02.06.2021

Studienort: **Köln**

Semester: **SS 2020**

Inhaltsverzeichnis

1 Lösung Aufgabe 1

1.1 Lösung Teilaufgabe 1.1

Tabelle 1: Allgemeine und biometrische Daten Person A (eigene Darstellung)

Geschlecht	Weiblich
Alter	25 Jahre
Größe	169cm
Gewicht	65,7 kg
BMI	23 (Normalgewicht)
Körperfettanteil	30% (Normalberreich)
Beruf	Industriekauffrau, sitzende Tätigkeit
sportliche Aktivität heute Trainingsumfang Leistungsstufe	unregelmäßiges Krafttraining, keine Erfahrung im Ausdauertraining 1-2mal wöchentlich Beginner
Zeitlich verfügbarer Rahmen	2-3 mal wöchentlich, für jeweils eine Stunde
Blutdruck	129/75 (Normalberreich)
Ruhepuls	78 S/min (oberer Normalberreich)
Haben sie irgendwelche Vorerkrankungen?	keine
Befinden sie sich in ärztlicher Behandlung?	Nein
Nehmen sie irgendwelche Medikamente ein?	keine
Trainingsmotive	Körperfettreduktion Verbesserung allgemeine Fitness Senkung Ruhepuls
Sonstiges	Raucherin (10-12 Zigaretten pro Tag)

Tabelle 2: Beurteilung Body-Mass-Index Erwachsene (World Health Organization, 2000)

Klasse	BMI
Untergewicht	<18,5
Normalgewicht	18,5-24,9
Übergewicht	25,0-29,9
Adipositas Grad I	30,0-34,9
Adipositas Grad II	35,0-39,9
Adipositas Grad III	>40

Tabelle 3: Blutdruckklassifikation des American Heart Association (modifiziert nach Manica et al., 2013, S.1286)

Bewertungsstufe	Systolischer Blutdruck	Diastolischer Blutdruck
optimal	unter 120 mmHg	unter 80 mmHg
normal	unter 130 mmHg	unter 85 mmHg
hochnormal	130-139 mmHg	85-89 mmHg
Hypertonie Stufe 1	140-159 mmHg	90-99 mmHg
Hypertonie Stufe 2	160-179 mmHg	100-109 mmHg
Hypertonie Stufe 3	>180 mmHg	>110mmHg

Tabelle 4: Klassifikation Körperfettanteil (KFA) für Erwachsene (Gallagher et al., 2000)

Alter	KFA Frau				KFA Mann			
	niedrig	normal	hoch	sehr hoch	niedrig	normal	hoch	sehr hoch
20-39	<21%	21-33%	33-39%	>39%	<8%	8-20%	20-25%	>25%
40-59	<23%	23-34%	34-40%	>40%	<11%	11-22%	22-28%	>28%
60-79	<24%	24-36%	36-42%	>42%	<13%	13-25%	25-30%	>30%

Tabelle 5: Ruhepuls Klassifikation (modifiziert nach Weinecke, 2003, S.50)

Ruhepuls	Status
60-80 Schläge/Minute	normal

1.2 Lösung Teilaufgabe 1.2

Bei dem für Person A ausgewählten Fahrradergometertest handelt es sich um dem WHO-Test nach Ablaufschema des IPN Tests. Laut diesem wird zunächst eine Voreinstufung, in der die Zielherzfrequenz ermittelt wird, vorgenommen (Institut für Prävention und Nachsorge (IPN), 2004, S.15). Die Ruheherzfrequenz in Abhängigkeit zum Alter wird als erste Voreinstufung genutzt. Diese beträgt bei Person A 145 S/min (Trunz, 2001; IPN, 2004, S. 4). Im nächsten Schritt wird die bisherige Trainingshäufigkeit mit einbezogen, da Person A bisher keinerlei Ausdauertraining absolviert hat, wird an dieser Stelle auch kein Pulsaufschlag berechnet (Trunz, 2001; IPN, 2004, S. 4). Somit beträgt die für den Ausdauertest relevante Zielherzfrequenz für Person A 145 S/min. Diese dient als Abbruchkriterium des nachfolgenden WHO-Tests. Bei diesem handelt es sich um einen submaximalen Fahrradergometerstufentest, welcher mit einer Anfangsbelastung von 25 Watt beginnt. Die Stufendauer beträgt zwei Minuten. Nach jeder Stufe wird die Watt Zahl dann um 25 Watt erhöht. Die Trittfrequenz beträgt bei diesem submaximalem Stufentest 60-80 Umdrehungen in der Minute (Rost, 2002, S.53). Das Testverfahren nach WHO wird an dieser Stelle für Person A ausgewählt, da sie bisher noch keinerlei Erfahrungen im Ausdauersport gesammelt hat. Somit ist nicht klar, ob Person A 4-6 Stufen mit einer erhöhten Watt Zahl von 40 Watt pro Stufe erreicht. Diese 4-6 Stufen sind allerdings unabdingbar bezüglich der Aussagekraft des Tests. Zudem ist Person A starke Raucherin und somit in ihrer Ausdauerleistung generell eingeschränkt, da die Anzahl der am Gasaustausch beteiligten Alveolen durch Teerablagerungen beschränkt ist. Da der WHO-Test für untrainierte Frauen empfohlen wird, und durch geringe Startbelastung sowie Steigerung eine Überbelastung vermeidet, habe ich mich an dieser Stelle für dieses Testverfahren entschieden(IPN, 2004)

Tabelle 6: Testrelevante Informationen und Parameter (IPN, 2004; Rost, 2002, S.53; Trunz 2001, S.4)

Testform	
WHO-Test	
Testgerät	
Fahrradergometer	
Testgröße	
Wattleistung der zuletzt durchfahrenen Stufe bei Erreichen der Pulsobergrenze	
Belastungsart	
submaximal	
Eingangsbelastung	
25 Watt	
Steigerung	
25 Watt	
Stufendauer	
Zwei Minuten	
Trittfrequenz	
60 Umdrehungen in der Minute	
Geschlecht	
weiblich	
Alter:	
25	
Gewicht	
65,7kg	
Ruhepuls	
78 Schläge in der Minute	
Blutdruck	
129/75 mmHg	
Pulsobergrenze/Abbruchgrenze	
145 Schläge in der Minute	
Normbewertung	Relative Watt-Soll-Leistung (Watt/kg)

Tabelle 7: Testergebnisse Person A WHO-Testverfahren

Erster Test Person A		Datum: 21.05.2021	
Zeit:	Watt	Herzfrequenz 1. Minute	Herzfrequenz 2. Minute
0:00-2:00	25 Watt	90	98
2:00-4:00	50 Watt	115	120
4:00-6:00	75 Watt	121	125
6:00-8:00	100 Watt	131	136
8:00-10:00	125 Watt	140	145
10:00-12:00	150 Watt	/	/
Testergebnis:	**Watt gesamt: 100 Watt**	**Watt/Kg: 1,52**	**Intensität/Bewertung Normtabelle: 0,57 / schlecht**

Tabelle 8: Teil der Normtabelle für submaximale Radergometertests - Relative Watt-Soll-Leistung (Watt pro Kilogramm) bei Frauen (modifiziert nach IPN, 2004, S8)

Alter	<30	30-34	35-39	40-44	45-49	50-54	55-59	>60	Bewertung
Intensität									
0,52	1,25	1,19	1,13	1,06	1,00	0,94	0,88	0,81	sehr schlecht
0,53	1,3	1,24	1,17	1,11	1,04	0,98	0,91	0,85	sehr schlecht
0,54	1,35	1,28	1,22	1,15	1,08	1,01	0,95	0,88	sehr schlecht
0,55	1,40	1,33	1,26	1,19	1,12	1,05	0,98	0,91	schlecht
0,56	1,45	1,38	1,31	1,23	1,16	1,09	1,02	0,94	schlecht
0,57	1,50	1,43	1,35	1,28	1,20	1,13	1,05	0,98	schlecht
0,58	1,55	1,47	1,40	1,32	1,24	1,16	1,09	1,01	schlecht
0,59	1,60	1,52	1,44	1,36	1,28	1,20	1,12	1,04	schlecht
0,60	1,70	1,62	1,53	1,45	1,36	1,28	1,19	1,11	durchschnitt-lich
0,61	1,80	1,71	1,62	1,53	1,44	1,35	1,26	1,17	durchschnitt-lich
0,62	2,00	1,90	1,80	1,70	1,60	1,50	1,40	1,30	durchschnitt-lich

Person A erreicht im Ausdauertest ihre Zielherzfrequenz in der fünften Stufe bei einer Watt Zahl von 125, dieses Ergebnis verdeutlicht, dass Person A eine schlechte

Ausdauerleistung im interindividuellen Vergleich besitzt. Die Relative-Watt-Soll Leistung liegt bei 1,5 und somit lässt sich eine Intensität für die Trainingsfrequenz von 0,57 festlegen (IPN, 2004).

1.3 Lösung Teilaufgabe 1.3

Der Gesundheitszustand von Person A lässt sich wie folgt beschreiben. Sie hat keinerlei internistische oder orthopädische Probleme. Die biometrischen Daten liegen alle im Normalbereich, der Ruhepuls sowie der Körperfettanteil sind jedoch grenzwertig (Gallagher et al., 2000; Weinecke, 2003, S.50). Der Bewegungs- sowie Trainingsmangel macht sich im Ergebnis des Ausdauertests, welcher im interindividuellen Vergleich schlecht ausgefallen ist, bemerkbar. Daher lässt sich schlussfolgern, dass Person A gute Voraussetzungen besitzt, um ihre Ausdauerleistungsfähigkeit zu steigern, es wird dennoch, da Person A sich im Anfängerstadium befindet, mit einer niedrigen Intensität gestartet, um Überforderungen auszuschließen.

2 Lösung Aufgabe 2

Tabelle 9: Trainingsziele Person A (eigene Darstellung)

Ziel	Ausmaß	Zeit
Reduktion Körperfettanteil	von 30 % auf 25%	6 Monate
Senkung Ruhepuls	von 79 S/min auf 73 S/min	6 Monate
Steigerung Relative-Watt-Soll Leistung	von 1,5 auf 2,25	6 Monate

Die zuvor mit Person A besprochenen Trainingsmotive werden nun in spezifische Ziele umgewandelt. Zunächst der Wunsch der Körperfettreduktion, hier wurde das Trainingsziel Reduktion des Körperfettanteils von 30% auf 25% in 6 Monaten ausformuliert. Durch den erhöhten Kalorienverbrauch, der durch das Ausdauertraining erfolgt, kann Person A dieses Ziel erreichen. Allerdings wurde Person A aufgeklärt, dass dies nur in Kombination mit einer ausgewogenen, kalorienreduzierten Ernährung möglich ist, da zur Körperfettreduktion eine negative Energiebilanz unumgänglich ist (Kettenis & Eifler, 2017). Das zweite Trainingsmotiv betrifft den Ruhepuls. Dieser liegt im Normbereich, jedoch an der oberen Grenze. Dieser soll innerhalb von 6 Monaten auf 73 S/min sinken. Das

Ausdauertraining bietet nachweislich die perfekte Möglichkeit dieses Ziel zu erreichen (Weineck, 2003). Zuletzt soll die allgemeine Fitness verbessert werden. Dies werden wir durch Steigerung der Intensität im Trainingsplan erreicht. Ein späterer RE-Test und der Vergleich der Relativen-Watt-Soll-Leistung wird dieses Ziel dann überprüfbar machen.

3 Lösung Aufgabe 3

3.1 Lösung Teilaufgabe 3.1

Tabelle 10: Grobplanung Mesozyklus Ausdauertraining Person A

Grobplanung Mesozyklus Person A	
Dauer	6 Wochen
Trainingsziel	Grundlagenausdauer ½
Belastungsumfang/Woche	50-120min
Trainingsintensität	60-70 % Hf_{max} (extensiv)
	65-70% Hf_{max} (variabel)
Trainingsmethode	extensive Dauermethode
	variable Dauermethode
Trainingshäufigkeit pro Woche	2-3 mal
Dauer pro Trainingseinheit	25-45min ExDm
	30-45min VDM
Trainingsgeräte	Fahrrad, Crosstrainer, Laufband

3.2 Lösung Teilaufgabe 3.2

Tabelle 11: Detailplanung Mesozyklus Ausdauertraining Person A

Woche 1	Montag	Mittwoch	
Trainingsziel	Grundlagenaus-dauer 1	Grundlagenaus-dauer 1	
Trainingsmethode	extensive Dauermethode	extensive Dauermethode	
Trainingsintensität	60% Hf_{max}	60% Hf_{max}	
Trainingsherzfrequenz	105 S/min – 148 S/min	105 S/min – 148 S/min	
Trainingsdauer	25 Minuten	25 Minuten	

9

Trainingsgeräte	Fahrrad	Fahrrad	

Woche 2	Montag	Mittwoch	Freitag
Trainingsziel	Grundlagenausdauer 1	Grundlagenausdauer 1	Grundlagenausdauer 1
Trainingsmethode	extensive Dauermethode	extensive Dauermethode	extensive Dauermethode
Trainingsintensität	60 % Hf_{max}	60% Hf_{max}	60% Hf_{max}
Trainingsherzfrequenz	105-148 S/min	105-148 S/min	105-148 S/min
Trainingsdauer	25 Minuten	25 Minuten	30 Minuten
Trainingsgeräte	Fahrrad	Fahrrad	Fahrrad

Woche 3	Montag	Mittwoch	Freitag
Trainingsziel	Grundlagenausdauer 1	Grundlagenausdauer 1	Grundlagenausdauer 1
Trainingsmethode	extensive Dauermethode	extensive Dauermethode	extensive Dauermethode
Trainingsintensität	60% Hf_{max}	60% Hf_{max}	60% Hf_{max}
Trainingsherzfrequenz	105-148 S/min	117-152 S/min	105-148 S/min
Trainingsdauer	30 Minuten	30 Minuten	30 Minuten
Trainingsgeräte	Fahrrad	Crosstrainer	Fahrrad

Woche 4	Montag	Mittwoch	Freitag
Trainingsziel	Grundlagenausdauer 1	Grundlagenausdauer 1	Grundlagenausdauer 1
Trainingsmethode	extensive Dauermethode	extensive Dauermethode	extensive Dauermethode
Trainingsintensität	65% Hf_{max}	65% Hf_{max}	65% Hf_{max}
Trainingsherzfrequenz	127-158 S/min	114-154 S/min	127-158 S/min
Trainingsdauer	30 Minuten	40 Minuten	30 Minuten
Trainingsgeräte	Crosstrainer	Fahrrad	Laufband (Walking)

Woche 5	Montag	Mittwoch	Freitag
Trainingsziel	Grundlagenausdauer 1	Grundlagenausdauer 1	Grundlagenausdauer ½
Trainingsmethode	extensive Dauermethode	extensive Dauermethode	variable Dauermethode
Trainingsintensität	65% Hf_{max}	65% Hf_{max}	65% Hf_{max}
Trainingsherzfrequenz	127-158 S/min	127-158 S/min	114-154 S/min

Trainingsdauer	40 Minuten	40 Minuten	30 Minuten (3:3)
Trainingsgeräte	Laufband (Walking)	Crosstrainer	Fahrrad

Woche 6	**Montag**	**Mittwoch**	**Freitag**
Trainingsziel	Grundlagenausdauer 1	Grundlagenausdauer ½	Grundlagenausdauer 1
Trainingsmethode	extensive Dauermethode	variable (5:2) Dauermethode	extensive Dauermethode
Trainingsintensität	70% Hf$_{max}$	70% Hf$_{max}$	70% Hf$_{max}$
Trainingsherzfrequenz	123-160 S/min	136-164 S/min	136-164 S/min
Trainingsdauer	45 Minuten	45 Minuten	30 Minuten
Trainingsgeräte	Fahrrad	Laufband Walking	Crosstrainer

Bei der Mesozyklusplanung von Person A handelt es sich zunächst um ein Minimalprogramm, da es sich um einen Anfänger mit schlechter Ausdauerleistung handelt und eine Überforderung und somit Motivationseinbußen vermieden werden sollen (Zintl % Eisenhut, 2001, S.137). Dieses soll von Woche zu Woche zu einem Optimal Programm gesteigert werden (Zintl & Eisenhut, 2001; ACSM, 1998a, S.17-86; Urhausen & Kindermann, 2003, S. 35-50). Gestartet wird in der ersten Woche mit zwei Trainingstagen und einer Belastungszeit von insgesamt 50 Minuten. In der zweiten Woche werden die Trainingstage nach dem Prinzip: „Häufigkeit vor Umfang vor Intensität" um einen weiteren Tag erhöht. Die Trainingstage werden sich im weiteren Verlauf der Mesozyklen nicht mehr erhöhen aufgrund des zeitlich verfügbaren Rahmens von Person A. Das angestrebte Trainingsziel in den Wochen eins bis drei ist die Grundlagenausdauer eins, da Person A Beginner ist und somit noch keinerlei Grundlagen im Ausdauertraining besitzt (Hottenrott, 2006, 64ff.). Die zugehörige Trainingsmethode ist die extensive Dauermethode, die sich durch niedrige Intensität und lange Trainingsdauer auszeichnet (Hottenrott, 2006, S.64ff.). Da das Training mit der extensiven Dauermethode immer unter der anaeroben Schwelle stattfindet, eignet es sich besonders gut für Beginner wie Person A, da der aerobe Stoffwechsel bei ihnen häufig noch nicht ausgeprägt ist (Zintl & Eisenhut, 2001). Durch das Training mit der extensiven Dauermethode werden die Grundlagen für weitere Trainingssteigerungen geschaffen, die Herz-Kreislauf-Arbeit wird ökonomisiert, der aerobe Stoffwechsel erweitert, und der Ruhepuls gesenkt (Zintl & Eisenhut, 2001). Somit werden durch die ausgewählte Trainingsmethode alle Grundlagen für Person A geschaffen, welche sie braucht um ihre Trainingsziele zu erreichen ohne eine Überforderung auszulösen. In der ersten Woche wird mit einer Intensität von 60% der maximalen

11

Herzfrequenz trainiert. Bei dieser Intensität handelt es sich um die unterste Schwelle um Anpassungserscheinungen auszulösen (ACSM, 2006b). Konkret bedeutet dies für Person A eine Trainingsherzfrequenz von 105 S/min bis 148 S/min. Diese wird wie folgt berechnet:

Tabelle 12: Berechnung Trainingsherzfrequenz (modifiziert nach IPN, 2004, S.10; ACSM, 1998b, S.975; Kindermann, 1987a, S.244-268; Rost & Appell, 2001, S. 405; Schwarz, Schwarz, Urhausen & Kindermann, 2002, S.293)

Hf_{max} = 200- LA	200-25 = 175 (S/min)
Pulsobergrenze Fahrrad = ((220-LA) – Hf_{Ruhe}) x BF + Hf_{Ruhe}	((220-25)-78) x 0,6 + 78 = 138 (S/min)
Pulsuntergrenze : (200-LA)x BF	(200-25) x 0,6 = 105

Die Trainingsdauer pro Trainingseinheit beträgt in der ersten Woche 25 Minuten. Diese Belastungsdauer wurde ebenfalls den Trainingsvorraussetzungen von Person A angepasst. Da keine Erfahrungen im Ausdauertraining vorhanden sind wird dementsprechend mit einer niedrigen Belastungsdauer gestartet (Zintl & Eisenhut, 2001). Das Trainingsgerät für den ersten Mesozyklus ist das Fahrrad. Dieses wurde aufgrund des einfachen Bewegungsablaufs und den geringen koordinativen Anforderungen ausgewählt, um Überforderungen zu vermeiden.

In Mesozyklus zwei wird die Trainingshäufigkeit nach dem Prinzip der Dauerhaftigkeit und Kontinuität von zwei auf drei Tage erhöht. Um Person A weiterhin langsam an das Ausdauertraining heranzuführen, bleiben in diesem Mesozyklus das Trainingsziel, die Trainingsmethode, die Intensität somit die Trainingsherzfrequenz und das Trainingsgerät gleich. Nur die Dauer wird an einem Tag von 25 Minuten auf 30 Minuten erhöht. Somit erfolgt hier eine Steigerung der Belastungsdauer um zehn Prozent, um Person A weiter an das Optimal Programm heranzuführen (Zintl & Eisenhut, 2001; ACSM, 1998a, S. 17-86; Urhausen & Kindermann, 2003, S.35-50). Somit liegt die Bruttobelastungsdauer in Woche zwei bei 80 Minuten.

Auch in Woche drei bleiben Trainingsziel, Trainingsmethode und Trainingsintensität gleich. Die Trainingsdauer wird hier weiter erhöht. Nun wird an allen Tagen 30 Minuten trainiert. Die Bruttobelastungsdauer beträgt in dieser Woche 90 Minuten, um den Leistungsstatus von Person A weiter zu verbessern. In dieser Woche wird der Crosstrainer als neues Trainingsgerät eingeführt. Da Person A eine ausschließlich sitzende Tätigkeit ausführt bietet der Crosstrainer eine gute Abwechslung, da hier im Stehen trainiert wird. Des Weiteren werden beim Crosstrainer mehr Muskelgruppen als beim Fahrrad beansprucht, der Gesamtkalorienverbrauch sowie der kardiopulmonale Effekt sind dementsprechend höher. Dies trägt zur Erfüllung des Trainingsziels Körperfettreduktion bei, da um dieses zu erreichen ein Kaloriendefizit notwendig ist. Die Trainingsherzfrequenz liegt beim Crosstrainer zwischen 117 S/min und 152 S/min

Tabelle 13: Berechnung Trainingsherzfrequenz Crosstrainer (modifiziert nach IPN, 2004, S.10)

Pulsobergrenze Crosstrainer $((220- \frac{3}{4} LA)-Hf_{Ruhe}) \times BF + Hf_{Ruhe}$	$((220-75/4)-78) \times 0{,}6 + 78 = 152$
Pulsuntergrenze	$195 \times 0{,}6 = 117$
$Hf_{max} = 220-LA$	$220-25 = 195$

In der vierten Woche wird erstmals im Trainingsbereich Grundlagenausdauer zwei mit der variable Dauermethode trainiert. Diese zeichnet sich durch einen stetigen Wechsel von intensiver und extensiver Dauermethode ohne Pausen aus (Hottenrott, 2006, 64ff.). In diesem Fall wird in einem Verhältnis von drei zu drei trainiert. Jeweils dreimal zehn Minuten in der extensiven und dreimal zehn Minuten in der intensiven Dauermethode. Mit der variablen Dauermethode wird Person A, durch mehr Anpassungseffekte im anaeroben Bereich, weiter auf ein intensiveres Training vorbereitet (Hottenrott, 2006, S. 64ff.). Die Intensität wir nun erstmals auf 65% Hf_{max} erhöht, um weitere Anpassungseffekte zu ermöglichen. Die Trainingsdauer steigt auf 40 Minuten an einem der drei Trainingstage die anderen Tage verbleiben bei 30 Minuten. Auf Grund der persönlichen Vorlieben von Person A wird nun auch das Walken auf dem Laufband in den Trainingsplan mit aufgenommen. Das Laufband bietet für Person A viele Vorteile, wie die Aktivierung der tiefen Rückenmuskulatur und somit eine Mobilisierung der Brustwirbelsäule. Dies ist besonders wichtig für Person A, da sie einer sitzenden Tätigkeit nachgeht. Des Weiteren werden viele Muskelgruppen beansprucht, der Kalorienumsatz ist demensprechend hoch. Das Laufband unterstützt somit das Trainingsziel Körperfettreduktion.

Die fünfte Woche unterscheidet sich im Vergleich zu der vierten Woche nur hinsichtlich der Belastungsdauer. Diese wird hier weiter gesteigert, um die Anpassungseffekte perfekt auszunutzen und das Minimalprogramm immer weiter in Richtung Optimal Programm zu bringen (Zintl & Eisenhut, 2001, S.137; ACSM, 1998a, S.17-86; Urhausen & Kindermann, 2003, S. 35-50).

Da Person A nach dem sechs wöchigen Zyklus in der Lage sein soll ein Optimal Programm für das Ausdauertraining zur Verbesserung der Gesundheit zu absolvieren, bringt die letzte Woche des Mesozyklus eine erneute Steigerung der Intensität auf 70% der maximalen Herzfrequenz mit sich (Zintl & Eisenhut, 2001, S. 64ff.). Diese Erhöhung soll zusätzlich die Erfüllung des Ziels Verbesserung der allgemeinen Ausdauer sicherstellen, da um dieses zu Überprüfen ein RE-Test absolviert wird. Des Weiteren wird nun auch 45 Minuten ohne Pause trainiert. Die sechste Woche des Mesozyklus gleicht somit einem Optimal Programm für das Ausdauertraining(Zintl & Eisenhut, 2001; ACSM, 1998a, S.17-86; Urhausen & Kindermann, 2003, S.35-50).

Zusammenfassend lässt sich bezüglich des angestrebten wöchentlichen Belastungsumfangs sagen, dass dieser von 50 Minuten auf 120 Minuten stetig gesteigert wird. Das Ziel Person A von einem anfangs Minimalprogramm zu einem Optimal Programm zu bringen wird in dieser Hinsicht erfüllt (Zintl & Eisenhut, 2001; ACSM, 1998a, S.17-86; Urhausen & Kindermann, 2003, S.35-50). Die verwendete Trainingsmethode ist zu 88% die extensive Dauermethode, da Person A Beginner ist und langsam an das Ausdauertraining gewöhnt werden soll. Mit dieser Methode sind für einen Beginner die besten Anpassungserscheinungen möglich (Zintl & Eisenhut, 2001). Die restlichen 12% werden mit der variablen Dauermethode trainiert, um effektive Reize zu setzen. Die Belastungsprogression richtet sich nach dem Prinzip: „Häufigkeit vor Dauer vor Intensität", da zunächst die Trainingshäufigkeit dann die Dauer und dann die Intensität erhöht wird. Weiterhin mit dem Ziel ein Optimal Programm für Person A zu ermöglichen und sie zunächst mit einer konstanten Intensität über einen längeren Zeitraum belasten zu können. Der durchgehend verwendete Trainingsbereich ist die Grundlagenausdauer 1 angepasst an die individuelle Leistungsfähigkeit von Person A. Nach dem Prinzip der variierenden Belastung findet ein stetiger Wechsel zwischen den Ausdauergeräten statt, dieser sorgt während der gesamten Mesozyklen für eine optimale Reizverarbeitung und somit die besten Anpassungen. Schlussendlich lässt sich festhalten, dass Person A durch Einhaltung dieses Mesozyklus in der Lage sein wird alle Trainingsziele und einen verbesserten Gesundheitszustand zu erreichen.

4 Lösung Aufgabe 4

Hypertension, Excercise, and Beta- Andrenergic Blockade	The Beneficial Effect of Regular Endurance Training on Blood Pressure and Quality of Life in Patients with Hypertension
Ades, P.A., Gunther, P.G.S. Meacham, C.P., Handy, M.A. & LeWinter, M.M.	Tsai, J.C., Yang, H.Y., Wang, W.H., Hsieh, M.H., Chen, P.T., Kao, C.C., Kao, P.F., Wang, C.H: & Chan, P.
1988	2004
Wie wirkt sich Ausdauertraining in Kombination mit Beta-Blockern im Vergleich zu einemreinem Ausdauertraining aus?	Welche Vorteile hat das Ausdauertraining auf das Leben und den Blutdruck von Bluthochdruckpatienten?
30 Teilnehmer, teils männlich teils weiblich nehmen an der Studie teil. Alle leiden an Hypertonie Stufe 1 oder 2. Der Altersdurchschnitt liegt bei 46,5 Jahren. Die Einschlusskriterien sind : 1. Blutdruck systolisch > 145 mmHg oder diastolisch > 95 mmHg oder 140/90 mmHg 2. Person muss sich in ärztlicher Behandlung befinden 3. Testperson muss Nichtraucher sein 4. Testperson muss einer sitzenden Tätigkeit nachgehen	102 Teilnehmer davon 47 Männer und 55 Frauen im Alter von 47 Jahren. Alle leiden an Hypertonie Stufe 1 oder 2. Die Einschlusskriterien sind: 1. Blutdruck : systolisch : 140-180 mmHg diastolisch: 90-110 mmHg 2. Gewicht: > 120% des Idealgewichts 3. Keine Einnahme blutdrucksenkender Medikamente seit 6 Wochen
Die 30 Teilnehmer werden in drei Gruppen zu je zehn Personen aufgeteilt. In jeder Gruppe ist der Anteil der männlichen Teilnehmer doppelt so groß wie der der weiblichen. Eine der drei Gruppen erhält ein Placebo, die andere Propranolol und die letzte Metoprolol. Die Einnahme aller Präparate erfolgt zweimal täglich. Zusätzlich wird ein Ausdauertraining absolviert. Dieses beinhaltet dreimal wöchentlich 25 Minuten gehen und joggen, 15 Minuten	Die 102 Teilnehmer werden in zwei Gruppen aufgeteilt. Eine Gruppe absolviert während 10 Wochen kein Training. Die zweite Gruppe absolviert ein Ausdauertraining bestehend aus zehn Minuten Warm-Up, 30 Minuten laufen auf dem Laufband und zehn Minuten Cool-Down. Dieses Training wird dreimal wöchentlich mit einer Intensität von 60-70% der maximalen Herzfrequenz durchgeführt.

Fahrrad fahren, fünf Minuten rudern und fünf weitere Minuten Trampolinspringen. Einmal wöchentlich soll für 40 Minuten gegangen werden Das Training wird protokolliert und für zehn Wochen absolviert	
Nach zehn Wochen kann bei den Teilnehmern welche Metoprolol und ein Placebo eingenommen haben eine deutliche Senkung des systolischen Werts festgestellt werden. Bei Metoprolol wird eine Senkung des systolischen um 11 mmHg und diastolischen Wert um 6 mmHg festgestellt. Bei den Teilnehmern die ein Placebo bekommen haben sinkt der systolische um 9 mmHg und der diastolische Wert um 7 mmHg. Lediglich bei Propranolol bleibt der systolische Wert konstant der diastolische Wert sinkt leicht um 3 mmHg. Die Ergebnisse verdeutlichen, dass Ausdauertraining eine vergleichbar senkende Wirkung auf arterielle Hypertonie hat wie Medikamente.	Die Ergebnisse zeigen, dass durch Ausdauertraining der Blutdruck signifikant gesenkt wird. Die Personen in der Trainingsgruppe empfinden zu der Senkung des Blutdrucks auch einen Anstieg der Lebensqualität laut SF-36 Fragebogen. Somit lässt sich festhalten, dass Ausdauertraining den Blutdruck bei Bluthochdruckpatienten senkt und deren Lebensqualität verbessert.

5   Literaturverzeichnis

Ades, P. A., Gunther, P. G. S., Meacham, C. P., Handy, M. A. & LeWinter, M. M. (1988). *Hypertension, Exercise, and Beta- Adrenergic Blockade. Annals of Internal Medicine,* 109, 629-634.

American College of Sports Medicine (1998a). *Exercise Management for Persons with Chronic Diseases and Disabilities.* S. 17-86. Champaign, IL: Human Kinetics

Eisenhut, A. & Zintl, F. (2013). *Ausdauertraining. Grundlagen, Methoden, Trainingssteuerung* (Sportwissen 8.Aufl.). München: BLV.

Gallagher, D., Heymsfield, S. B., Heo, M., Jebb, S. A., Murgatroyd, P. R. & Sakamoto, Y. (2000). *Healthy percentage body fat ranges: an approach for developing guide-lines based on body mass index.* American Journal of Clinical Nutrition, 72 (3), 694–701.

Hottenrott, K. (2006). *Trainingskontrolle mit Herzfrequenz-Messgeräten* (1. Aufl). Aachen: Meyer & Meyer.

Institut für Prävention und Nachsorge. (2004). *IPN-Test – Ausdauertest für den Fitness- und Gesundheitssport.* Köln: Institut für Prävention und Nachsorge (IPN).

Kettenis, L. & Eifler, C. (2017). Studienbrief Trainingslehre II. Saarbrücken: Deutsche Hochschule für Prävention und Gesundheitsmanagement.

Mancia, G., Fagard, R., Narkiewicz, K., Redòn, J., Zanchetti, A., Böhm, M. et al. (2013). 2013 ESH/ESC *Guidelines for the management of arterial hypertension.* The task force for the management of arterial hypertension of the European Society of Hy-pertension (ESH) and of the European Society of Cardiology (ESC). Journal of hyper-tension, 31 (7), 1281–1357.

Tsai, J. C., Yang, H. Y., Wang, W. H., Hsieh, M. H., Chen, P. T., Kao, C. C., Kao, P. F., Wang, C. H. & Chan, P. (2004). *The Beneficial Effect of Regular Endurance Training on Blood Pressure and Quality of Life in Patients with Hypertension.* Clinical and Experimental Hypertension, 26, 255-265.

Urhausen, A. & Kindermann, W. (2003). Trainingsempfehlungen im Gesundheitssport. In W. Kindermann, H.-H. Dickhuth, A. Niess, K. Röcker & A. Urhausen (Hrsh.), *Sportkardiologie. Körperliche Aktivität bei Herzerkrankungen* (S. 35-50). Darmstadt: Steinkopff.

Weinecke, J. (2003). *Ausdauertraining. Trainingssteuerung über die Herzfrequenz- und Milchsäurebestimmung.* Balingen: Spitta.

World Health Organization. (2000). *Obesity: Preventing and Managing the Global Epi-demic - Report of a WHO Consultation*: The Stationery Office Books (Agencies).

6   Abbildungs- und Tabellenverzeichnis

6.1   Tabellenverzeichnis